eggplant
kale
taboule

Die besten Salate im Glas zum Mitnehmen

von
Courtney Roulston

Fotos von
Sue Stubbs Photography

Bassermann

INHALT

EINLEITUNG

Salat aus dem Glas ist der neueste Trend, der auf dem besten Weg ist, die Welt zu erobern. In diesem Buch erklärt Salatexpertin Courtney Roulston, wie Sie im Handumdrehen gesunde und leckere Salate zum Mitnehmen zubereiten. Das Konzept könnte einfacher und praktischer nicht sein – superfrische Zutaten werden mit köstlichen Dressings im Glas kombiniert.

Alle Rezepte in diesem Buch sind von Courtney wunderschön zusammengestellt. Es handelt sich um ihre ganz persönlichen Salatfavoriten, die sie ausgesprochen appetitlich angerichtet hat und die besonders einfach zuzubereiten sind. Träufeln Sie zuerst Ihr Dressing ins Glas, fügen Sie dann die Salatzutaten hinzu, schütteln Sie Ihr Glas und – voilà – schon können Sie genießen.

Für jede Stimmung gibt es den passenden Salat: Würziges Steak mit Möhren-Quinoa-Salat, Würzige Garnelen mit Jalapeño-Salsa, Kokoshähnchen mit Reisnudeln oder Orientalischer Grünkern-Auberginen-Salat. Und weil jeder Salat ein anderes Dressing hat, ist kein Salat wie der andere. Mit den Jahreszeiten ändert sich auch das Gemüseangebot, tauschen Sie also die Gemüsesorten nach Belieben aus und spielen Sie mit den Zutaten. So entwickeln Sie nach und nach ganz individuelle Salatkreationen.

Lassen Sie also Ihre langweilige Brotdose zu Hause. Vergessen sind die trockenen Reste eines einst leckeren Pastagerichts oder der traurige Salat von gestern. Lassen Sie sich auf etwas Neues ein. Schon bald werden Sie schon vor der Mittagspause sehnsüchtig auf Ihr kleines Glas Glück warten.

Kokoshähnchen mit Reisnudeln

In Kokosmilch gedämpftes Hähnchen ist ein tolles Fleischgericht. Der aromatische Sud bildet auch die Basis des Dressings und kann sogar für eine leckere asiatische Suppe verwendet werden. Bewahren Sie deshalb den Sud gut auf! Sie können restliche Kokosmilch in einem Topf erhitzen, grünes Gemüse, Nudeln und Garnelen hinzugeben und schon haben Sie eine wunderbare, schnell zubereitete Suppe.

ZUTATEN

2 Bio-Hähnchenbrustfilets (à 200 g)
5 cm frische Ingwerwurzel, in feinen Scheiben
1 Stängel Zitronengras, in Ringe geschnitten
1 Knoblauchzehe, in Ringe geschnitten
1 Dose Kokosmilch (400 ml)
200 g breite Reisnudeln
2 EL frisch gepresster Limettensaft
1 TL fein abgeriebene Bio-Limettenschale
2 EL Palmzucker
1 EL Fischsauce
1 violette Möhre, mit einem Sparschäler in feine Streifen geschnitten
½ mittelgroßer Chinakohl, fein geraspelt
½ Bund Koriander, Blätter gehackt
½ Bund Minze, Blätter zerzupft
1 große rote Chilischote, in feinen Ringen
2 Kaffir-Limettenblätter, in feinen Streifen
70 g geröstete Erdnüsse, grob gehackt

Für 4 Personen

ZUBEREITUNG

Hähnchenfleisch, Ingwer, Zitronengras, Knoblauch und Kokosmilch mit 125 ml Wasser in einem mittelgroßen Topf auf mittlerer Stufe zum Kochen bringen. Die Hitze auf kleine Stufe reduzieren und das Ganze 12–14 Minuten köcheln lassen, dabei das Fleisch gelegentlich wenden. Vom Herd nehmen und 15 Minuten zum Abkühlen beiseitestellen. Alles in eine Schüssel geben, abdecken und 1 Stunde in den Kühlschrank stellen.

Die Nudeln in eine hitzebeständige Schüssel geben, mit kochendem Wasser übergießen und 5 Minuten ziehen lassen. Abgießen und beiseitestellen.

Das Hähnchen aus dem Sud nehmen und grob in Stücke teilen. Für das Dressing 250 ml des Suds in eine Schüssel geben, Limettenschale, Palmzucker und Fischsauce einrühren. Mit Limettesaft abschmecken, bis die Balance zwischen süß, sauer und salzig ausgewogen ist. Gegebenenfalls nachwürzen und in Serviergläser gießen. Die Gläser mit Hähnchen, Möhren, Nudeln, Chinakohl, Koriander, Minze, Chili, Kaffir-Limettenblättern und Erdnüssen auffüllen.

Mexikanischer Hähnchen-Mais-Bohnensalat

Dieser würzige Salat enthält alle Ihre Lieblings-Taco-Zutaten – aber keine Weizentortilla. Er ist deshalb ideal für alle, die bei ihrer Ernährung auf Weizen verzichten. Probieren Sie diesen Salat mit Grillfleisch oder gegrillten Meeresfrüchten auf mexikanische Art. Vegetarier lassen einfach das Hähnchenfleisch weg.

ZUTATEN

500 g Bio-Hähnchenschenkel, entbeint und ohne Haut
2 EL natives Olivenöl extra
2 TL gemahlener Kreuzkümmel
2 TL Paprikapulver
Meersalz
3 Maiskolben, Blätter und Fäden entfernt
1 Dose schwarze Bohnen, abgetropft
1 große reife Avocado, grob gehackt
100 g Eisbergsalat, in feinen Streifen
70 g saure Sahne oder stichfester Joghurt

PICO-DE-GALLO-WÜRZSAUCE

60 ml natives Olivenöl extra
1 große grüne Chilischote, entkernt, fein gehackt
2 Frühlingszwiebeln, gehackt
1 kleine Knoblauchzehe, fein gerieben
2 reife Tomaten, Samen entfernt, gewürfelt
Saft von 1 Limette, plus etwas mehr zum Servieren
2 TL Honig
½ Bund Koriander, gehackt
1 Limette, in Spalten geschnitten

Für 4 Personen

ZUBEREITUNG

Den Backofen auf 180 °C vorheizen. Das Fleisch mit 1 Esslöffel Öl, Kreuzkümmel, Paprikapulver und 1 Prise Meersalz einreiben. Auf ein mit Backpapier belegtes Backblech geben und 35–40 Minuten im vorgeheizten Ofen goldbraun garen. Nach der Hälfte der Garzeit einmal wenden. Das Hähnchenfleisch aus dem Ofen nehmen und 5 Minuten ruhen lassen. In Streifen schneiden und beiseitelegen.

Inzwischen das restliche Öl auf mittlerer Stufe in einer beschichteten Pfanne erhitzen. Die Maiskolben mit 1 Prise Meersalz bestreuen und 8–10 Minuten unter gelegentlichem Wenden in der Pfanne garen. Aus der Pfanne nehmen und 5 Minuten abkühlen lassen. Die Kerne mit einem Messer vom Kolben abschneiden.

Derweil bis auf den Limettensaft alle Zutaten für die Würzsauce in einer Schüssel verrühren, mit dem Limettensaft abschmecken und auf die Serviergläser verteilen. Schwarze Bohnen, Mais, Hähnchen, Avocado, Eisbergsalat und saure Sahne daraufschichten und mit einer zusätzlichen Limettenspalte belegen.

Hähnchensalat mit Dressing „Grüne Göttin"

Dies ist mein Lieblingsdressing aus diesem Buch. Es ist cremig, voller Kräuter und passt zu vielen unterschiedlichen Rezepten. Auch als Rohkost-Dip eignet es sich hervorragend. Das Dressing ist eine Art Abwandlung einer Guacamole und harmoniert deshalb gut mit Röstgemüse und Salaten mit hellem Fleisch. Auch als Sauce zu frisch gebratenen Garnelen und sogar als Sandwichbelag schmeckt es köstlich.

ZUTATEN

250 g Cocktailtomaten
60 ml natives Olivenöl extra
Meersalz
2 Scheiben Fladenbrot, in kleine Stücke geschnitten
500 g Hähnchenbrustfilet
frisch gemahlener schwarzer Pfeffer
4 Scheiben Frühstücksspeck
2 Romana-Salatherzen, in Streifen geschnitten
20 g Parmesan, frisch gerieben

DRESSING „GRÜNE GÖTTIN"

90 g Aioli
70 g stichfester Joghurt
½ Avocado, in Stücke geschnitten
1 EL Schnittlauchröllchen
1 EL gehackte Petersilie
10 Basilikumblätter, zerzupft
1 EL Zitronensaft
2 TL Honig

Für 4 Personen

ZUBEREITUNG

Den Backofen auf 180 °C vorheizen. Die Cocktailtomaten auf ein mit Backpapier ausgelegtes Backblech geben, mit 20 ml Olivenöl beträufeln und mit 1 Prise Meersalz bestreuen. Das Blech in den Ofen schieben und die Tomaten 20–25 Minuten backen, bis sie etwas geschrumpft, aber noch in Form sind. Aus dem Ofen nehmen, beiseitestellen und abkühlen lassen.

Inzwischen die Brotstücke mit 20 ml Olivenöl beträufeln und auf ein sauberes Backblech legen. 8–10 Minuten im vorgeheizten Ofen knusprig goldbraun backen. Aus dem Ofen nehmen und beiseitestellen.

Für das Dressing alle Zutaten bis auf den Zitronensaft in einen Standmixer geben und einige Sekunden mit der Pulse-Funktion mixen, bis alles gut verrührt und cremig ist. Mit Zitronensaft abschmecken und beiseitestellen.

Das restliche Olivenöl in einer beschichteten Pfanne auf mittlerer Stufe erhitzen. Das Hähnchenfleisch mit 1 Prise Meersalz und Pfeffer würzen. 8–10 Minuten auf jeder Seite braten, bis das Fleisch gar ist. Aus der Pfanne heben und 5 Minuten ruhen lassen. Dann in Streifen schneiden. Die Pfanne wieder auf mittlerer Stufe erhitzen und den Speck 2 Minuten von jeder Seite braten, bis er knusprig ist. Aus der Pfanne nehmen und grob zerteilen.

Das Dressing in Serviergläser geben. Hähnchen, geröstete Tomaten, Brotwürfel, Speck, Salat und Parmesan daraufschichten.

Würziges Hähnchen mit Blumenkohl-Couscous

Wenn Sie den Blumenkohl zu Bröseln verarbeiten, erhalten Sie einen prima Ersatz für Reis. Blumenkohl ist glutenfrei, voller Nährstoffe und eine kalorienarme Alternative zu Couscous oder anderen Getreideprodukten. Auch ohne das Fleisch schmeckt der Salat köstlich. Veganer können den Honig durch Agavendicksaft ersetzen.

ZUTATEN

½ EL Kreuzkümmelsamen
½ EL Koriandersamen
1 EL Sesamsaat
80 g ganze geröstete Mandelkerne
70 g Pistazienkerne
80 ml natives Olivenöl extra
Meersalz und frisch gemahlener schwarzer Pfeffer
1 kg Blumenkohl, Strunk herausgeschnitten und Blumenkohl grob gehackt
2 Hähnchenbrustfilets (à 200 g)
40 g Rosinen
50 g Rucola
¼ Bund Minze, Blätter abgezupft

ZITRONENDRESSING

60 ml Zitronensaft
2 TL abgeriebene Bio-Zitronenschale
2 EL natives Olivenöl extra
1 EL Honig

Für 4 Personen

ZUBEREITUNG

Den Backofen auf 200 °C vorheizen. Kreuzkümmel- und Koriandersamen in einer kleinen beschichteten Pfanne 1–2 Minuten rösten, bis sie zu duften beginnen. Die Samen in einen Mörser geben und zu feinem Pulver zerstoßen. In eine kleine Schüssel geben. Die Pfanne zurück auf den Herd stellen und die Sesamsaat auf mittlerer Stufe 2–3 Minuten goldbraun rösten. Zu den gemahlenen Gewürzen geben. Die Hälfte der Mandeln und Pistazien in den Mörser geben und zerstoßen, bis sie die Konsistenz von Semmelbröseln haben. Mit dem Olivenöl zu den Gewürzen geben, mit 1 großen Prise Meersalz und Pfeffer bestreuen und alles gut verrühren.

Den Blumenkohl portionsweise in eine Küchenmaschine geben und mit der Pulse-Funktion zu Bröseln verarbeiten. In eine Schüssel geben und mit der Hälfte der Gewürzmischung verrühren. Die Blumenkohlmischung gleichmäßig auf zwei mit Backpapier ausgelegte Backbleche verteilen und 15–20 Minuten im Ofen knusprig goldbraun rösten. Zum Abkühlen beiseitestellen.

Das Hähnchen auf ein mit Backpapier belegtes Backblech geben und mit der restlichen Gewürzmischung beträufeln. 15–20 Minuten im Ofen goldbraun und gar backen. Abkühlen lassen und in Streifen schneiden.

Bis auf den Zitronensaft alle Zutaten für das Dressing gut verrühren, mit Zitronensaft abschmecken. Restliche Mandeln und Pistazien grob hacken und mit geröstetem Blumenkohl, Dressing und Rosinen in einer großen Schüssel vermischen. Die Blumenkohlmischung auf Serviergläser verteilen und mit Rucola, Hähnchenstreifen und Minzeblättern belegen.

Gemischter Salat mit geräuchertem Hähnchen

Wenn Sie keine geräucherte Hähnchenbrust bekommen, können Sie alternativ ein Hähnchenbrustfilet braten oder ein ganzes Brathähnchen verarbeiten.

ZUTATEN

300 g kleine Kartoffeln (Drillinge), abgebürstet
4 Bio-Eier
1 EL natives Olivenöl extra
4 Scheiben Frühstücksspeck
2 Maiskolben
350 g geräuchertes Hähnchenbrustfilet (alternativ geräucherte Gänsebrust oder Lachsschinken)
200 g Cocktailtomaten, halbiert
90 g Romanasalat

BLAUSCHIMMELKÄSE-DRESSING

125 ml Buttermilch
2 EL Mayonnaise
80 g milder Blauschimmelkäse
2 TL Ahornsirup
1 EL Schnittlauchröllchen, plus etwas mehr zum Servieren

Für 4 Personen

ZUBEREITUNG

Die Kartoffeln in einen Topf mit kaltem Salzwasser geben und auf mittlerer Stufe zum Kochen bringen. Die Hitze reduzieren und die Kartoffeln 8–10 Minuten köcheln lassen, bis sie gerade gar sind. Abgießen und abkühlen lassen. Die Kartoffeln in Scheiben schneiden.

Die Eier 6–8 Minuten in kochendem Wasser hart kochen. Abgießen und unter fließend kaltem Wasser abschrecken. Pellen und beiseitestellen.

Das Öl in einer beschichteten Pfanne auf mittlerer Stufe erhitzen. Den Speck darin von jeder Seite 2 Minuten knusprig braun braten. Aus der Pfanne nehmen und auf Küchenpapier abtropfen lassen. Die Pfanne zurück auf den Herd stellen und die Maiskolben darin 8–10 Minuten unter gelegentlichem Wenden braten. Die Maiskolben aus der Pfanne nehmen und abkühlen lassen. Die Maiskörner mit einem scharfen Messer von den Kolben abschneiden.

Für das Dressing alle Zutaten in einen Mixer geben und cremig pürieren. Das Dressing in die Serviergläser geben. Kartoffeln, Mais, Hähnchen, Tomaten, Eier, Speck, Salat und zum Abschluss Schnittlauchröllchen darüberschichten.

Orientalischer Hähnchensalat mit Quinoa und Kürbis

Die ägyptische Würzmischung Dukkah verleiht diesem Salat ein ganz besonderes Aroma. Sie können die Mischung in Asia-Shops oder im Internet kaufen oder ganz einfach selbst herstellen. Dafür je 1 Esslöffel Koriander- und Kreuzkümmelsamen 1 Minute in einer kleinen Pfanne auf mittlerer Stufe rösten. In einem Mörser zerstoßen und mit je 50 g gehackten Pistazien-, Mandel- und Cashewkernen vermischen. 1 Esslöffel geröstete Sesamsaat einrühren und mit Meersalz und Pfeffer abschmecken – fertig ist das selbst gemachte Dukkah.

ZUTATEN

600 g Muskatkürbis mit Schale, in Spalten geschnitten
60 ml natives Olivenöl extra
Meersalz
140 g Quinoa (rot oder weiß), abgespült
200 g Hähnchenbrustfilet (à 200 g)
50 g Dukkah-Würzmischung (Rezept siehe oben)
350 g frische Dicke Bohnen (oder TK-Ware, aufgetaut)
2 EL Zitronensaft
1 EL Honig
2 EL Sonnenblumenöl
90 g Feldsalat

Für 4 Personen

ZUBEREITUNG

Den Backofen auf 180 °C vorheizen. Den Kürbis mit der Hälfte des Olivenöls einpinseln, mit Meersalz bestreuen und auf ein mit Backpapier belegtes Backblech geben. Den Kürbis 30–35 Minuten garen, bis er weich ist. Aus dem Ofen nehmen und zum Abkühlen beiseitestellen.

Inzwischen Quinoa mit 320 ml kaltem Wasser in einen Topf geben und auf mittlerer Stufe zum Kochen bringen. Die Hitze reduzieren und Quinoa 12–14 Minuten köcheln lassen, bis das gesamte Wasser aufgesogen wurde. Zum Abkühlen beiseitestellen.

Das Hähnchenfleisch mit der Gewürzmischung und dem verbliebenen Öl vermengen. Das Fleisch 8–12 Minuten von jeder Seite in einer beschichteten Pfanne braten, bis es leicht gebräunt und gar ist. Aus der Pfanne nehmen und 5 Minuten abkühlen lassen. Dann in Streifen schneiden.

Die Dicken Bohnen in einem Topf mit kochendem Salzwasser 5 Minuten garen. Abgießen und unter fließend kaltem Wasser abkühlen lassen. Die äußere Haut entfernen und entsorgen.

Honig und das Sonnenblumenöl mit 1 Prise Meersalz verrühren, mit Zitronensaft abschmecken. Das Dressing über Quinoa gießen und gut vermischen.

Quinoa auf die Serviergläser verteilen und gerösteten Kürbis, Dicke Bohnen, Hähnchenfleisch und Feldsalat darüberschichten.

Salat mit gedämpftem Sesamhähnchen und Nudeln

Hähnchenfleisch wird wunderbar zart und saftig, wenn man es in feine Scheiben schneidet und dämpft. Das geht schnell und ist zudem sehr gesund. Die Zutaten in diesem Salat passen aber auch zu anderen Fleischsorten wie Schwein oder Rind. Ebenso sind gegrillter Tofu oder Garnelen ein prima Ersatz für das gedämpfte Hähnchenfleisch.

Das Dressing in diesem Salat hat eine schöne Balance zwischen süß, sauer und salzig, und der Sesam sorgt für eine erdige Note. Es eignet sich auch gut als Dip für asiatische Klößchen oder Tempura.

ZUTATEN

4 Bio-Eier
200 g Somen (japanische Weizennudeln)
450 g Hähnchenbrustfilet, in Streifen geschnitten
Meersalz und weißer Pfeffer
1 Möhre, mit dem Sparschäler längs in Streifen geschnitten
1 kleine Salatgurke, in Streifen geschnitten
2 Frühlingszwiebeln, in Ringe geschnitten
1 große rote Chilischote, in Ringe geschnitten

SESAMDRESSING

2 EL geröstete Sesamsaat
1 EL Zucker
2 EL Tamari-Sojasauce
1 EL Reisweinessig
1 EL Sesamöl
1 EL natives Olivenöl extra

Für 4 Personen

ZUBEREITUNG

Die Eier 6–8 Minuten in kochendem Wasser hart kochen. Abgießen und unter fließend kaltem Wasser abschrecken. Pellen und beiseitestellen.

Die Somen-Nudeln gemäß Packungsangabe zubereiten und beiseitestellen.

Wasser in einem Topf zum Kochen bringen und einen Bambusdämpfer auf den Topf setzen. Die Hähnchenstreifen auf einen Teller legen und mit Meersalz und Pfeffer bestreuen. Den Teller in den Dämpfer stellen und 10 Minuten dämpfen, bis das Fleisch gar ist.

Für das Sesamdressing Sesam und Zucker in einem Mörser zerstoßen. Tamari-Sauce, Reisweinessig, Sesamöl und Olivenöl in einer Schüssel vermischen und die Sesammischung einrühren. Das Dressing in die Serviergläser geben. Nudeln, Möhren, Hähnchenfleisch, Gurke, Frühlingszwiebeln, Eier und Chili darüberschichten.

Smoked Salmon + Apple Slaw

Farmer-Salat mit Räucherlachs

Dieser Salat ist im Nu zubereitet. Räucherlachs passt hervorragend zu Zutaten wie Zitrone, Dill, Schnittlauch und Spargel. Sie können den Lachs aber auch durch Hähnchenfleisch, gekochte Garnelen oder Schinken ersetzen.

ZUTATEN

2 säuerliche Äpfel, Kerngehäuse entfernt, grob geraspelt
1 kleine Sellerieknolle, geschält und in dünne Stifte geschnitten
2 EL gehackter Dill
2 EL Schnittlauchröllchen
Meersalz und frisch gemahlener schwarzer Pfeffer
70 g Mayonnaise
70 g stichfester Joghurt
1 TL Dijon-Senf
Saft und Schale von 1 Bio-Zitrone, plus etwas mehr zum Servieren
2 TL Ahornsirup
1 EL natives Olivenöl extra
2 Bund grüner Spargel, Stangen längs halbiert
200 g geräucherter Lachs
1 Zitrone, in Spalten geschnitten

Für 4 Personen

ZUBEREITUNG

Äpfel, Sellerie, Dill, Schnittlauch, Meersalz, Pfeffer, Mayonnaise, Joghurt, Senf, Zitronenschale und Ahornsirup in eine große Schüssel geben. Alles gut verrühren, mit Zitronensaft abschmecken und beiseitestellen.

Das Olivenöl in einer beschichteten Pfanne auf mittlerer Stufe erhitzen. Den Spargel darin 2–3 Minuten garen. Vom Herd nehmen und abkühlen lassen.

Zum Servieren die Apfel-Sellerie-Mischung auf die Serviergläser verteilen und Spargel, geräucherten Lachs und Zitronenspalten in den Gläsern aufschichten.

Soba-Nudeln mit Lachs

Räucherlachs sollte man immer im Haus haben, denn diese Zutat ist ein wahres Multitalent in vielen Gerichten. So kann man ihn in einer Pastasauce, als Brotbelag, in Suppen oder Eierspeisen und selbstverständlich im Salat verwenden. Die Raucharomen vom Lachs passen sehr gut zu diesem Salat japanischer Art.

ZUTATEN

270 g Soba (japanische Buchweizennudeln)
200 g Zuckererbsen, geputzt
2 TL natives Olivenöl extra
250 g grüne Spargelspitzen, längs mit einem Sparschäler in Streifen geschnitten
Meersalz
120g junge Spinatblätter
300 g heiß geräucherter Lachs am Stück, klein gezupft
140 g eingelegter Sushi-Ingwer
1 EL Mayonnaise
1 EL geröstete schwarze Sesamsaat

TAHINI-DRESSING

1 EL Tahini-Paste
2 EL Reisweinessig
2 EL Erdnussöl
1 EL helle Sojasauce
2 TL Sesamöl
2 TL Zucker

Für 4 Personen

ZUBEREITUNG

Die Soba-Nudeln gemäß Packungsangabe zubereiten. Zum Abkühlen beiseitestellen.

Die Zuckererbsen 2 Minuten in heißem Salzwasser blanchieren. Abgießen und unter fließend kaltem Wasser abschrecken, damit sie nicht nachgaren. Beiseitestellen.

Das Olivenöl in einer kleinen beschichteten Pfanne auf mittlerer Stufe erhitzen. Den Spargel salzen und 2 Minuten braten, bis er weich zu werden beginnt, aber immer noch die Form bewahrt. Aus der Pfanne nehmen und zum Abkühlen beiseitestellen. Die Pfanne zurück auf den Herd stellen und die Spinatblätter hineingeben. Zwei Minuten unter gelegentlichem Rühren zusammenfallen lassen. Zum Abkühlen beiseitestellen.

Die Dressingzutaten in einer Schüssel verrühren und in die Serviergläser gießen. Nudeln, Zuckererbsen, heiß geräucherten Lachs, Spargel, Spinat, Ingwer, Mayonnaise und schwarze Sesamsaat darüberschichten.

Zucchini-Nudeln mit Thunfisch und Pesto

Dieser herrliche Salat mit Zucchini-Nudeln und frischem Thunfisch, angemacht mit Grünkohl-Mandel-Pesto, ist einer meiner Lieblingssalate. Zucchini-Nudeln sind gesund und superlecker, außerdem kann man damit unnötige Kohlenhydrate einsparen. Grünkohlpesto kann man als Dip, Sandwichbelag, Pastasauce oder auch Grillsauce genießen und sogar zum Abrunden von Suppen verwenden.

ZUTATEN

2 Thunfischsteaks (à 200 g)
Meersalz und frisch gemahlener schwarzer Pfeffer
2 EL natives Olivenöl extra
360 g Brokkoli, in Röschen
2 große Zucchini, mit einem Spiralschneider zu Spaghetti verarbeitet, alternativ mit einem Sparschäler längs in breite Streifen geschnitten, diese in feine Streifen geschnitten
1 große rote Chilischote in feinen Ringen

GRÜNKOHL-MANDEL-PESTO

½ Bund Basilikum, Blätter abgezupft
4 Blätter Grünkohl, gewaschen und gehackt
50 g geröstete Mandeln
1 kleine Knoblauchzehe, in Scheiben geschnitten
Saft und Schale von 1 kleinen Bio-Zitrone
20 g Parmesan, gerieben, plus etwas mehr zum Servieren
80 ml natives Olivenöl extra
2 TL Honig

Für 4 Personen

ZUBEREITUNG

Eine beschichtete Pfanne auf mittlerer Stufe erhitzen. Die Thunfischsteaks mit Meersalz und Pfeffer bestreuen und mit der Hälfte des Olivenöls beträufeln. Von jeder Seite 1 Minute oder je nach gewünschtem Gargrad braten. Den Thunfisch aus der Pfanne nehmen und zum Abkühlen beiseitestellen, dann in Streifen schneiden. Die Pfanne zurück auf den Herd stellen, das restliche Olivenöl hineingeben und den Brokkoli darin mit 1 Prise Meersalz bestreut 3–4 Minuten garen, bis er leicht gebräunt ist. Aus der Pfanne nehmen und beiseitestellen.

Für das Pesto bis auf den Zitronensaft alle Zutaten in einen Mixer geben und glatt pürieren, mit Zitronensaft abschmecken. Sollte die Mischung zu trocken werden, teelöffelweise warmes Wasser oder Öl zugeben.

Das Pesto auf die Serviergläser verteilen. Zucchini-Nudeln, Brokkoli, Thunfisch, Chili und zusätzlichen Parmesan darüberschichten.

LUNCH!

Nizza-Salat mit Linsen

Am liebsten würde ich mehrmals in der Woche Thunfischsalat in verschiedenen Variationen genießen. Thunfisch aus der Dose ist voller Vitamine, also Grund genug, ihn immer vorrätig zu haben. Traditionell wird Salade Niçoise auf Kartoffelbasis zubereitet; mein Salat basiert auf Linsen. Probieren Sie den Salat alternativ mit weißen Bohnen, Kichererbsen, Süßkartoffeln, Quinoa, Graupen oder Lachs statt Thunfisch.

ZUTATEN

250 g grüne Bohnen, halbiert
4 Bio-Eier
1 rote Zwiebel, in feinen Ringen
1 Dose Linsen (400 g), abgetropft
250 g Cocktailtomaten, halbiert
2 Dosen Thunfisch (à 185 g), abgetropft
6 Radieschen, in feinen Scheiben
80 g Kalamata-Oliven, entsteint
½ Bund glatte Petersilie, gehackt
2 EL Schnittlauchröllchen

ROTWEIN-VINAIGRETTE

60 ml Rotweinessig
2 TL Dijon-Senf
1 EL Honig
1 kleine Knoblauchzehe, fein gerieben
80 ml natives Olivenöl extra

Für 4 Personen

ZUBEREITUNG

Die grünen Bohnen 2 Minuten in einem Topf mit kochendem Salzwasser blanchieren. Dann abgießen und unter fließend kaltem Wasser abschrecken, damit sie nicht nachgaren und ihre Farbe behalten. Beiseitestellen.

Die Eier 6–8 Minuten in kochendem Wasser hart kochen. Abgießen und unter fließend kaltem Wasser abschrecken. Pellen und beiseitestellen.

Die Dressingzutaten in einer Schüssel verrühren und in Serviergläser gießen. Die Zwiebeln zum Dressing geben (dadurch werden sie leicht mariniert). Linsen, Cocktailtomaten, grüne Bohnen, Thunfisch, Radieschen, Oliven, Eier, Petersilie und Schnittlauchröllchen darüberschichten.

Würzige Garnelen mit Jalapeño-Salsa

Ich bin regelrecht süchtig nach Chilischoten. Wahrscheinlich bin ich mit der Zeit nahezu immun gegen die Schärfe geworden. Sie können die Schärfe der Salsa durch die Menge der Jalapeños regulieren. Sollten Sie keine eingelegten Jalapeños finden, können Sie stattdessen auch frisch gehackte grüne Chilischoten verwenden. Ich liebe diesen Salat mit Garnelen, aber Brathähnchen, Rind oder Schwein schmecken auch dazu.

ZUTATEN

24 große Garnelen, geschält, Schwanzstück intakt
1 EL natives Olivenöl extra
1 EL Cajun-Gewürzmischung
Meersalz
270 g Weißkohl, fein gehobelt
25 g Grünkohl oder Spinat, in feinen Streifen
140 g stichfester Joghurt
70 g Mayonnaise
60 g Sprossen
1 Limette, in Spalten geschnitten

JALAPEÑO-SALSA

60 g eingelegte Jalapeños
2 Frühlingszwiebeln, in Ringe geschnitten
2 EL heller Essig
¼ Bund Koriander, Blätter abgezupft
2 TL Zucker oder Honig
1 EL natives Olivenöl extra

Für 4 Personen

ZUBEREITUNG

Eine beschichtete Pfanne auf mittlerer Stufe erhitzen. Die Garnelen mit dem Olivenöl einpinseln und mit Cajun-Gewürzmischung und 1 Prise Meersalz bestreuen. 2–3 Minuten unter gelegentlichem Rühren braten, bis sie gerade gar sind. Vom Herd nehmen und abkühlen lassen.

Die Zutaten für die Jalapeño-Salsa in einen Mixer geben und cremig mixen. Die Salsa auf die Serviergläser verteilen.

Weißkohl, Grünkohl, Joghurt, Mayonnaise und 1 Prise Meersalz vermischen und auf die Salsa geben. Garnelen, Sprossen und Limettenspalten darüberschichten.

Sesamthunfisch mit Möhren-Ingwer-Dressing

Am liebsten mag ich Thunfisch-Sashimi, wenn der Fisch ein paar Sekunden von beiden Seiten scharf angebraten wird und in der Mitte noch roh ist. Das könnte ich jeden Tag essen! Wenn Sie eine Abneigung gegen rohen Fisch haben, können Sie diesen Salat auch mit gegartem Hähnchenfleisch, Tofu, Garnelen, Rind oder Lamm zubereiten. Durch die Möhre erhält das Dressing eine angenehme Süße und der Ingwer gibt den nötigen Kick. Vorsicht – Suchtgefahr!

ZUTATEN

1 Thunfischfilet (200 g), in Sushi-Qualität, halbiert
1 EL Sonnenblumenöl
2 EL schwarze und weiße Sesamsaat
Meersalz
200 g Edamame (Sojabohnen aus dem Asia-Shop, TK-Ware)
1 kleine Salatgurke
½ kleiner Rettich, grob geraspelt
½ Handvoll Rucola
1 reife Avocado, in Streifen geschnitten
90 g Salatblätter
Sprossen, zum Servieren

MÖHREN-INGWER-DRESSING

½ Möhre, geschält und geraspelt
1 EL fein geriebene Ingwerwurzel
1 EL weiße Misopaste (Gewürzpaste aus Sojabohnen, Asia-Shop)
1 EL Mirin (süßer Reiswein, Asia-Shop)
1 EL Reisessig
2 TL geröstetes Sesamöl
2 EL Traubenkernöl
1 EL Wasser
Meersalz und frisch gemahlener weißer Pfeffer

Für 2 Personen

ZUBEREITUNG

Alle Zutaten für das Dressing in eine Küchenmaschine geben und glatt mixen. Bis zur Verwendung beiseitestellen, damit die Aromen sich entfalten.

Eine beschichtete Pfanne auf mittlerer Stufe erhitzen. Das Thunfischfilet mit dem Sonnenblumenöl bestreichen und mit Sesamsaat und 1 Prise Meersalz bestreuen. 10 Sekunden, oder nach Geschmack, von jeder Seite braten. Den Thunfisch aus der Pfanne nehmen und 15 Minuten ins Gefrierfach legen, damit das Fleisch fest genug zum Schneiden ist.

Die Edamame 2 Minuten in kochendem Salzwasser garen. Abgießen und unter fließend kaltem Wasser abkühlen. Trocken tupfen. Die Gurke mit einem Sparschäler längs in Streifen schneiden.

Das Dressing auf zwei Serviergläser verteilen. Rettichraspel, Rucola, Gurke, Avocado, Edamame und Thunfisch darüberschichten. Mit den Sprossen bestreuen.

Krabbencocktail mit Pasta

Im Lauf der Zeit sind hunderte Versionen von Krabbencocktails entwickelt worden. Normalerweise werden Krabbencocktails als Vorspeise serviert und bestehen hauptsächlich aus Eisbergsalat, Garnelen und Cocktailsauce. Ich habe ihnen den Status eines Hauptgerichts verliehen, indem ich Pasta und Gemüse hinzugefügt habe. Das Kräuterjoghurt-Dressing verleiht den Garnelen eine herrliche Frische.

ZUTATEN

200 g Linguine
1 EL natives Olivenöl extra
200 g TK-Erbsen
50 g Rucola (alternativ kleine Grünkohl- oder Spinatblätter)
1 kleine reife Avocado, in Streifen geschnitten
12 gegarte Garnelen, geschält und Schwanzstück intakt
1 große rote Chilischote, entkernt und in feinen Streifen
zerstoßener schwarzer Pfeffer, zum Servieren

DRESSING

Saft und abgeriebene Schale von 1 kleinen Bio-Zitrone
70 g Mayonnaise
1 EL stichfester Joghurt
2 TL Honig
1 EL Schnittlauchröllchen, plus etwas mehr zum Servieren
1 EL Dill, fein gehackt

Für 2 Personen

ZUBEREITUNG

Die Pasta gemäß der Packungsangabe gar kochen. Abgießen und mit dem Olivenöl überziehen. Zum Abkühlen beiseitestellen.

Die Erbsen 2–3 Minuten in kochendem Salzwasser garen. Abgießen und unter fließend kaltem Wasser abschrecken. Abtropfen lassen und beiseitestellen.

Die Dressingzutaten bis auf den Zitronensaft in einer Schüssel glatt rühren. Das Dressing mit Zitronensaft abschmecken und auf Serviergläser verteilen. Pasta, Erbsen, Rucola, Avocado, Garnelen, Chilistreifen und schwarzen Pfeffer darüberschichten und mit Schnittlauchröllchen garnieren.

Vietnamesischer Rindfleischsalat

Dieser Salat ist den köstlichen vietnamesischen Baguettes Bánh Mi nachempfunden. Kurz gebratenes Rindfleisch, eingelegtes Gemüse, frische Kräuter und ein Hauch von Chili machen die Kombination in diesem Rezept aus. Der Salat schmeckt auch mit Schweinefleisch, Tofu, Lamm oder Hähnchen einfach fantastisch.

ZUTATEN

500 g Rinderfilet, in dünnen Scheiben
1 Stängel Zitronengras, fein gerieben
2 EL Fischsauce
1 EL Honig
2 Knoblauchzehen, zerdrückt
2 EL Sonnenblumenöl
1 kleine Salatgurke, in Längsstreifen
2 EL Mayonnaise
135 g Eisbergsalat, in feinen Streifen
2 Frühlingszwiebeln, gehackt
½ Bund Koriander, Blätter abgezupft
1 kleine rote Chilischote, in feinen Ringen

EINGELEGTES GEMÜSE

125 ml Reisessig
55 g Zucker
½ TL Meersalz
1 große Möhre, in dünne Stifte geschnitten
½ kleiner Rettich, in dünne Stifte geschnitten

DRESSING

80 ml Lake vom eingelegten Gemüse
1 EL süße Chilisauce
2 TL Sesamöl

Für 4 Personen

ZUBEREITUNG

Für das eingelegte Gemüse Essig, Zucker, Meersalz und 60 ml Wasser in einem kleinen Topf unter Rühren 2–3 Minuten auf mittlerer Stufe erhitzen, bis sich der Zucker aufgelöst hat. Möhre und Rettich in eine kleine Schüssel geben, die Lake darübergießen und das Gemüse mindestens 20 Minuten marinieren.

Inzwischen Fleisch, Zitronengras, Fischsauce, Honig, Knoblauch und Öl in einer Schüssel vermischen. Eine beschichtete Pfanne auf mittlerer Stufe erhitzen und das Fleisch darin portionsweise 2–3 Minuten braten, bis es gar ist. Das Fleisch aus der Pfanne nehmen und zum Abkühlen beiseitestellen.

Das Gemüse aus der Lake nehmen. 80 ml Lake in eine Schüssel füllen und mit Chilisauce und Sesamöl verrühren. Das Dressing auf Serviergläser verteilen und eingelegtes Gemüse, Rindfleisch, Gurke, Mayonnaise, Salat, Frühlingszwiebeln, Koriander und Chili darüberschichten.

Orientalischer Lamm-Salat

Die raffiniertesten Salate bestehen meist nur aus wenigen Zutaten, die eine perfekte Kombination ergeben. Dies ist einer dieser Salate. Würziges Lammfleisch, duftendes Dukkah, sämige Dicke Bohnen und ein cremiger Tahini-Minze-Joghurt sind die Geheimnisse dieses Salats. Einfach und genial!

ZUTATEN

220 g Lammfilet
2 EL natives Olivenöl extra
2 TL gemahlener Kreuzkümmel
1 TL Zimt
Meersalz
100 g Blumenkohlröschen, klein geschnitten
150 g frische Dicke Bohnen (oder TK-Ware, aufgetaut)
50 g kleine Grünkohl- oder Spinatblätter
2 EL Dukkah-Würzmischung (Internethandel oder Asia-Shop)*

TAHINI-MINZE-JOGHURT

1 EL Tahini (Sesampaste, Asia-Shop)
190 g stichfester Joghurt
1 EL Zitronensaft
¼ Bund Minze, Blätter abgezupft, plus etwas mehr zum Servieren
2 TL Honig

Für 2 Personen

* Dukkah ist eine Würzpaste mit Nüssen aus Ägypten. Sie ist in Spezialitätengeschäften oder im Internet erhältlich. Auf Seite 23 ist ein schnelles, einfaches Rezept dafür angegeben.

ZUBEREITUNG

Eine beschichtete Pfanne auf mittlerer Stufe erhitzen. Das Lammfleisch mit der Hälfte des Öls bestreichen und mit Kreuzkümmel, Zimt und 1 Prise Meersalz einreiben. 2–3 Minuten von jeder Seite braten oder bis der gewünschte Gargrad erreicht ist. Das Fleisch aus der Pfanne nehmen und 5 Minuten ruhen lassen. In Streifen schneiden.

Das restliche Öl in der Pfanne erhitzen. Den Blumenkohl mit Meersalz bestreuen. Anschließend 3–4 Minuten unter gelegentlichem Rühren braten. Den Blumenkohl aus der Pfanne nehmen und zum Abkühlen beiseitestellen.

Die Dicken Bohnen 2–3 Minuten in kochendem Salzwasser garen. Abgießen und unter fließend kaltem Wasser abschrecken. Die äußere Haut entfernen und wegwerfen.

Alle Dressingzutaten bis auf den Zitronensaft in eine Küchenmaschine geben und glatt mixen, mit Zitronensaft abschmecken und auf die Serviergläser verteilen. Grünkohl, Blumenkohl, Dicke Bohnen, Lammfleisch und Dukkah darüberschichten und mit zusätzlichen Minzeblättern garnieren.

Rindfleischsalat mit grünen Mangos

Diese Art von Salat bereite ich zu, wenn mir der Sinn nach etwas Exotischem steht und ich etwas mehr Zeit habe. Viele meiner Salate werden mit frischen Kräutern aufgepeppt, aber dieser Salat enthält besonders viele davon. Wie die meisten asiatischen Salate kann auch dieser mit Garnelen, Tintenfisch, Tofu, Schwein, Hähnchen oder Lamm statt Rind zubereitet werden.

ZUTATEN

500 g Rinderfilet, in dünnen Scheiben

2 EL Sonnenblumenöl

1 TL zerstoßener schwarzer Pfeffer, Meersalz

2 grüne (unreife) Mangos, geschält und in Stifte geschnitten

1 kleine Salatgurke, in Längsstreifen

2 Schalotten, in feinen Ringen

½ Bund Thai-Basilikum, Blätter abgezupft

½ Bund Koriander, Blätter abgezupft

40 g grob zerstoßene Erdnusskerne

DRESSING

Saft und abgeriebene Schale von 1 Bio-Limette

1 EL Fischsauce

1 große rote Chilischote, fein gehackt

1 EL Palmzucker oder brauner Zucker

1 Knoblauchzehe, fein gerieben

1 EL fein geriebene frische Ingwerwurzel

2 TL Sesamöl

2 EL natives Olivenöl extra

Für 4 Personen

ZUBEREITUNG

Eine beschichtete Pfanne auf hoher Stufe erhitzen. Das Fleisch mit dem Öl einpinseln und mit 1 Prise Meersalz und dem Pfeffer bestreuen. Portionsweise 2 Minuten in der Pfanne braten, bis es gerade durch ist. Zum Abkühlen beiseitestellen.

Die Zutaten (bis auf den Zitronensaft) für das Dressing so lange verrühren, bis sich der Zucker vollständig aufgelöst hat. Das Dressing mit Zitronensaft abschmecken, auf Serviergläser verteilen und Mango, Fleisch, Gurke, Schalotten, Thai-Basilikum und Koriander darüberschichten. Mit Erdnüssen bestreuen.

Rumpsteak mit Möhren-Quinoa-Salat

Möhren sind in Deutschland die Gemüsesorte Nummer eins. Sie sind preiswert und das ganze Jahr über erhältlich. Beim Rösten tritt ihre natürliche Süße hervor und sie werden dabei schön zart. Das Rindfleisch kann durch Lammfleisch ersetzt werden. Naturjoghurt ist eine wunderbare Ergänzung.

ZUTATEN

3 große Möhren, in große Stücke geschnitten
1 rote Zwiebel, in Spalten geschnitten
2 EL Honig
1 EL Kreuzkümmelsamen
80 ml natives Olivenöl extra
Meersalz
70 g Quinoa, abgespült
2 Rumpsteaks (à 280 g), auf Zimmertemperatur erwärmt
1 TL zerstoßene schwarze Pfefferkörner
1 TL getrocknete Chiliflocken
100 g Rucolablätter
Saft und Schale von 1 Bio-Zitrone
½ Bund Koriander, Blätter abgezupft
40 g geröstete Mandeln, gehackt

Für 4 Personen

ZUBEREITUNG

Den Backofen auf 200 °C vorheizen. Möhren, Zwiebel, die Hälfte des Honigs, die Hälfte der Kreuzkümmelsamen, 20 ml Olivenöl und 1 Prise Meersalz in eine große Schüssel geben. Alles vermengen, dann die Mischung auf ein mit Backpapier belegtes Backblech geben. 20 Minuten rösten, bis die Möhren weich sind und duften. Aus dem Ofen nehmen und zum Abkühlen beiseitestellen.

Inzwischen Quinoa mit 160 ml kaltem Wasser in einen kleinen Topf geben und das Wasser auf mittlerer Stufe zum Kochen bringen. Dann auf kleiner Stufe köcheln lassen und 12–14 Minuten garen, bis die Flüssigkeit aufgesaugt wurde. Zum Abkühlen beiseitestellen.

Eine beschichtete Pfanne auf mittlerer Stufe erhitzen. Die Steaks mit restlichen Kreuzkümmelsamen, Pfeffer, Chiliflocken, 20 ml Olivenöl und 1 Prise Meersalz einreiben. Von jeder Seite 2–3 Minuten braten, oder so lange, bis der gewünschte Gargrad erreicht ist. Die Steaks aus der Pfanne nehmen und 5 Minuten ruhen lassen. In Streifen schneiden.

Zitronenschale, restlichen Honig, restliches Olivenöl (40 ml) und 1 Prise Meersalz in einer Schüssel verrühren. Das Dressing mit Zitronensaft abschmecken, mit Quinoa vermengen und in Serviergläser füllen. Möhren, Zwiebeln, Steakstreifen, Rucola und Koriander darüberschichten und mit Mandelstücken bestreuen.

Koreanischer Rindfleischsalat

Dies ist ein toller Salat, wenn Sie etwas Wärmendes und Sättigendes genießen möchten. Die Süßkartoffelnudeln haben eine wunderbare Textur. Wenn Sie keine Süßkartoffelnudeln finden, können Sie auch eine andere Nudelsorte verwenden.

ZUTATEN

80 g Süßkartoffelnudeln (Asia-Shop)
180 g Rinderfilet, in dünne Scheiben geschnitten
1 Knoblauchzehe, zerdrückt
2 TL geriebene frische Ingwerwurzel
2 EL Sojasauce
1 EL brauner Zucker
2 EL Sonnenblumenöl
6 Shiitake-Pilze, Stiel entfernt, in Scheiben geschnitten
Meersalz
60 g junge Spinatblätter, in Streifen geschnitten
110 g Bohnensprossen
2 Bio-Eier
2 TL geröstetes Sesamöl
50 g Kimchi (eingelegter Weißkohl, Asia-Shop)
2 Frühlingszwiebeln, in feinen Scheiben
2 TL geröstete weiße Sesamsaat

Für 2 Personen

ZUBEREITUNG

Die Nudeln in eine ofenfeste Schüssel geben. Mit kochendem Wasser übergießen und 5 Minuten bzw. nach Packungsangabe einweichen, bis sie weich sind. Abgießen und zum Abkühlen beiseitestellen.

Knoblauch, Ingwer, 1 Esslöffel Sojasauce, ½ Esslöffel brauner Zucker und 1 Esslöffel Sonnenblumenöl in einer Schüssel vermischen und das Rindfleisch damit bedecken. Eine beschichtete Pfanne auf hoher Stufe erhitzen und das Fleisch 2–3 Minuten braten, bis es gerade gar ist. Das Fleisch aus der Pfanne nehmen und zum Abkühlen beiseitestellen.

Die Pfanne auf mittlerer Stufe erhitzen, die Hälfte des restlichen Sonnenblumenöls hineingeben und darin die Shiitake-Pilze mit 1 Prise Meersalz 2–3 Minuten dünsten. Die Pilze herausnehmen und zum Abkühlen beiseitestellen. Das restliche Sonnenblumenöl in die Pfanne geben und auf mittlerer Stufe erhitzen. Den Spinat darin 1–2 Minuten garen, bis er zusammenfällt. Zum Abkühlen beiseitestellen.

Salzwasser in einem kleinen Topf zum Kochen bringen. Die Bohnensprossen 20 Sekunden im kochenden Wasser blanchieren. Abgießen und unter fließend kaltem Wasser abschrecken. Beiseitestellen. Die Eier 6–8 Minuten in kochendem Wasser hart kochen, abgießen und unter fließend kaltem Wasser abschrecken. Pellen und beiseitestellen.

Restliche Sojasauce, braunen Zucker und Sesamöl mit den Nudeln mischen und auf Serviergläser verteilen. Kimchi, Spinat, Pilze, Fleisch, Bohnensprossen, Eier und Frühlingszwiebeln darüberschichten und mit Sesamsaat bestreuen.

Feiner Kartoffelsalat mit Schinken

Bei Eingelegtem werde ich immer schwach.
Ich liebe süßsauer Eingelegtes, insbesondere in Verbindung mit geräuchertem, salzigem Schinken. Kartoffeln sind dazu die perfekten Begleiter und das Buttermilchdressing rundet den Geschmack ab.

ZUTATEN

250 g festkochende Kartoffeln, abgebürstet
Meersalz
180 g Rotkohl, fein geraspelt
200 g Nuss- oder Lachsschinken, in Streifen geschnitten
4 Gewürzgurken (Cornichons), längs in Scheiben geschnitten
80 g Mozzarella, in Scheiben geschnitten
1 kleine rote Zwiebel, in feinen Ringen
25 g Rucola, abgespült

BUTTERMILCHDRESSING

60 ml Buttermilch
1 EL Mayonnaise
1 TL Dijon-Senf
1 TL Honig
1 EL Schnittlauchröllchen
¼ TL zerstoßener schwarzer Pfeffer

Für 2 Personen

ZUBEREITUNG

Die Kartoffeln in einen Topf geben, mit kaltem Wasser bedecken, 1 Prise Meersalz zugeben und das Wasser auf mittlerer Stufe zum Kochen bringen. Die Hitze reduzieren und die Kartoffeln 15–20 Minuten köcheln lassen, bis sie gerade gar sind. Abgießen und zum Abkühlen beiseitestellen. In Scheiben schneiden.

Alle Dressingzutaten in einer großen Schüssel verrühren und mit den Kartoffeln vermengen, sodass sie vollständig vom Dressing überzogen sind. Die Karoffeln auf Serviergläser verteilen. Rotkohl, Schinken, Gewürzgurken, Mozzarella, Zwiebelringe und Rucola daraufschichten.

Schweinebraten mit Birnen-Kohl-Salat

Wenn die Birnen reif sind und Sie ganz zufällig etwas Fleisch vom Sonntagsbraten übrig haben, ist dies der ideale Herbstsalat. Seien Sie kreativ und stellen Sie alternativ Ihre eigene Salat-Kreation ohne Schweinefleisch zusammen. Auch Geflügel passt wunderbar und verträgt sich gut mit anderen Obstsorten wie Äpfeln, Pflaumen und sogar reifen Pfirsichen.

ZUTATEN

180 g Wirsing, in Streifen geschnitten
*200 g kalter Schweinebraten, in Scheiben geschnitten**
1 kleine Fenchelknolle, in feine Streifen geschnitten, das Grün aufbewahrt
½ Bund glatte Petersilie, gehackt
1 große Birne, in feinen Scheiben

JOGHURT-SENF-DRESSING

1 EL natives Olivenöl extra
1 EL Zitronensaft
70 g stichfester Joghurt
1 EL Mayonnaise
2 TL Senfkörner
2 TL Ahornsirup

Für 2 Personen

ZUBEREITUNG

Alle Dressingzutaten bis auf den Zitronensaft glatt rühren. Das Dressing mit Zitronensaft abschmecken und auf Serviergläser verteilen. Kohl, Braten, Fenchel, Petersilie, Birne und Fenchelgrün darüberschichten.

*Auch Reste von Brathähnchen oder Putenbraten eignen sich für diesen Salat.

Asiatischer Reissalat

In diesem Glas sind die beliebtesten Sushi-Zutaten zusammengestellt. Seien Sie kreativ, die Variationsmöglichkeiten sind unendlich! Probieren Sie einmal gebackenen Kürbis oder Süßkartoffel statt des Omeletts. Quinoa, Perlgraupen oder Grünkern sind auch eine tolle Alternative zum braunen Reis.

ZUTATEN

200 g brauner Reis, gewaschen
4 Bio-Eier
Meersalz und frisch gemahlener weißer Pfeffer
1 EL natives Olivenöl extra
200 g Edamame (Sojabohnen aus dem Asia-Shop, TK-Ware)
2 EL Sojasauce
2 EL Reisessig
1 EL Mirin (Reiswein, Asia-Shop)
1 EL Zucker
2 TL Sesamöl
1 kleine Salatgurke, in feinen Längsstreifen
1 reife Avocado, in Streifen geschnitten
80 g eingelegter Sushi-Ingwer (Asia-Shop)
2 EL Mayonnaise
2 Frühlingszwiebeln, in feinen Ringen
eventuell 1 Blatt Sushi-Nori, in Streifen geschnitten
1 EL geröstete weiße Sesamsaat

Für 4 Personen

ZUBEREITUNG

Den braunen Reis gemäß Packungsangabe in kochendem Wasser zubereiten. Den Reis aus dem Topf nehmen, auf einer Servierplatte ausbreiten und abkühlen lassen.

Inzwischen die Eier mit Meersalz und Pfeffer in einer Schüssel verquirlen. Das Olivenöl in einer beschichteten Pfanne auf mittlerer Stufe erhitzen. Die Eier darin in drei Portionen zu drei dünnen Omeletts braten. Jedes Omelett vorsichtig aus der Pfanne heben und aufrollen. In Stücke von ½ cm Breite schneiden und beiseitestellen.

Die Edamame 2 Minuten in kochendem Salzwasser garen. Abgießen und unter fließend kaltem Wasser abkühlen. Trocken tupfen.

Sojasauce, Reisessig, Mirin, Zucker und Sesamöl in einer großen Schüssel vermischen. Den abgekühlten Reis ins Dressing rühren und auf Serviergläser verteilen. Edamame, Gurkenstreifen, Avocadoscheiben, Ingwer, Omelettröllchen, Mayonnaise, Frühlingszwiebeln und nach Belieben Nori darüberschichten und mit Sesamsaat bestreuen. Wer mag, kann den Salat noch mit Lachsschinken ergänzen.

Scharfer Tofusalat

Tofu ist eine hervorragende Salatzutat, allerdings ist er für sich genommen ein wenig fad. Ich persönlich bin ein großer Chili-Fan, aber es gibt auch viele andere Möglichkeiten, Tofu zu mehr Geschmack zu verhelfen. Sie können ihn zum Beispiel mit chinesischem 5-Gewürze-Pulver braten oder in einer Honig-Sojasauce-Mischung schwenken.

ZUTATEN

2 EL Chili-Marmelade oder süße Chilisauce*
Saft und abgeriebene Schale von 1 kleinen Bio-Clementine
1 EL Sonnenblumenöl
Meersalz
800 g fester Tofu, abgetropft und in Scheiben geschnitten
300 g Rucola
200 g asiatische Reisnudeln
90 g Wirsing, in feinen Streifen
2 EL Schnittlauchröllchen
80 g geröstete Cashewkerne, gehackt

SOJASAUCEN-SESAM-DRESSING

80 ml brauner Reisessig
80 ml Sojasauce
2 EL Honig
2 TL geröstetes Sesamöl
1 große rote Chili, entkernt und fein gehackt
1 EL geröstete schwarze Sesamsaat

Für 4 Personen

* Chili-Marmelade ist in Feinkostgeschäften oder im Internethandel erhältlich.

ZUBEREITUNG

Den Backofen auf 200 °C vorheizen. Chili-Marmelade oder Chilisauce, Clementinensaft und -schale, Sonnenblumenöl und 1 Prise Meersalz in einer großen Schüssel mischen. Die Tofuscheiben darin wenden und auf ein mit Backpapier belegtes Backblech geben. 15–20 Minuten im vorgeheizten Ofen backen, bis der Tofu goldbraun ist.

Die Nudeln nach Packungsangabe bissfest garen. Abgießen und unter fließend kaltem Wasser abschrecken.

Alle Dressingzutaten in einer Schüssel verrühren und auf Serviergläser verteilen. Nudeln, Wirsing, Rucola, Tofu und Schnittlauchröllchen darüberschichten. Mit Cashewkernen bestreuen.

Orientalischer Grünkern-Auberginen-Salat,
siehe Seite 90

Geröstete Möhren mit Bohnenhummus

Üblicherweise wird Hummus aus Kichererbsen hergestellt, aber die Variante mit weißen Bohnen ist eine tolle Abwechslung. Sie können auch einmal ein Hummus aus Dicken Bohnen oder Roter Bete probieren – alles sehr lecker und sehr gesund!

ZUTATEN

1 Bund junge Möhren (je nach Größe eventuell halbieren oder vierteln)
2 große rote Chilis, entkernt und längs in Streifen geschnitten
1 große rote Paprika, entkernt und geviertelt
1 EL natives Olivenöl extra
2 TL Kreuzkümmelsamen, geröstet und leicht zerstoßen
Meersalz
60 g junge Spinatblätter
½ Bund Koriander, Blätter abgezupft
*2 TL Schwarzkümmelsamen**

BOHNENHUMMUS

400 g weiße Bohnen aus der Dose, abgetropft und abgespült
1 EL Tahini-Paste
60 ml natives Olivenöl extra
1 EL Zitronensaft
2 EL stichfester Joghurt, plus etwas mehr zum Servieren
2 TL Honig
Meersalz und frisch gemahlener weißer Pfeffer

Für 2 Personen

ZUBEREITUNG

Für das Hummus alle Zutaten bis auf den Zitronensaft in eine Küchenmaschine geben und glatt pürieren, mit Zitronensaft abschmecken.

Den Backofen auf 200 °C vorheizen. Möhren, Chili, Paprika, Olivenöl, Kreuzkümmel und 1 Prise Meersalz in einer großen Schüssel vermengen. Das Gemüse auf ein mit Backpapier belegtes Backblech geben und 30–35 Minuten im vorgeheizten Ofen rösten, bis es weich ist. Das Gemüse aus dem Ofen nehmen und zum Abkühlen beiseitestellen. Nach Belieben die Paprika schälen.

Den Hummus auf Serviergläser verteilen. Spinat, Möhren, Paprika, Chili, Korianderblätter und etwas Joghurt darüberschichten. Mit Schwarzkümmelsamen bestreuen.

*Schwarzkümmelsamen werden häufig zum Bestreuen von türkischem Fladenbrot benutzt. Außerdem werden sie auch gern in aromatischen Currys verwendet. Sie sind in Asia-Shops und im Internethandel erhältlich.

Italienischer Nudelsalat

Die leuchtenden Farben in diesem Salat sehen sehr appetitlich aus, und die Zubereitung ist ganz einfach. Sie können jede kurze Pastasorte verwenden oder auch die Pasta durch Kichererbsen, gekochte Kartoffeln oder weiße Bohnen ersetzen. Beim Pesto können Sie mit verschiedenen Kräutern und Nüssen variieren. Minze, Petersilie oder Rucola sind tolle Alternativen zu Basilikum und die Pinienkerne können durch Macadamianusskerne, Cashewkerne oder Mandeln ersetzt werden.

ZUTATEN

200 g Orecchiette
1 große Zucchini, in Längsstreifen
1 EL natives Olivenöl extra
Meersalz
60 g junge Spinatblätter
250 g rote und gelbe Cocktailtomaten, halbiert
Basilikumblätter, zum Servieren

BASILIKUMPESTO

1 Bund Basilikumblätter
35 g Pinienkerne
½ Knoblauchzehe
30 g Parmesan, gerieben
80 ml natives Olivenöl extra
1 EL Zitronensaft
1 TL Honig

Für 4 Personen

ZUBEREITUNG

Alle Pestozutaten bis auf den Zitronensaft in eine Küchenmaschine geben und pürieren, bis die gewünschte Konsistenz erreicht ist, mit Zitronensaft abschmecken.

Gesalzenes Wasser in einem großen Topf zum Kochen bringen und die Orecchiette gemäß Packungsangabe bissfest garen. Abgießen und die Häfte des Olivenöls untermischen, damit die Nudeln nicht aneinanderkleben. Beiseitestellen.

Eine beschichtete Pfanne oder Grillpfanne auf hoher Stufe erhitzen. Die Zucchinistreifen mit dem verbliebenen Olivenöl vermengen und von jeder Seite 1 Minute braten, bis sie weich sind. Mit Meersalz bestreuen und zum Abkühlen beiseitestellen.

Zum Servieren das Pesto auf Serviergläser verteilen. Pasta, Zucchini, Spinat und Tomaten darüberschichten und mit Basilikumblättern garnieren.

Feine Gemüsemischung mit Pistazien

Dieser Salat überzeugt durch seine unterschiedlichen Texturen, die die verwendeten Gemüse-, Samen- und Nusssorten haben. Dieser Salat ist nicht nur voller Geschmack, er ist auch der gesündeste in diesem Buch. Verwenden Sie alternativ einfach Ihre Lieblingsnüsse und -kerne sowie -trockenfrüchte, so wird dieser Salat niemals langweilig.

ZUTATEN

100 g Quinoa (gemischt), abgespült
1 Maiskolben, Blätter und Fäden entfernt
2 EL natives Olivenöl extra
125 g Blumenkohlröschen, grob zerteilt
100 g grüne Bohnen, geputzt und in kleine Stücke geschnitten
1 TL gemahlener Koriander
Meersalz und frisch gemahlener schwarzer Pfeffer
60g TK-Erbsen
1 Dose Linsen (400 g Füllgewicht), abgetropft
35 g Pistazienkerne, gehackt
40 g Rosinen
35 g Sonnenblumenkerne, geröstet
½ Bund glatte Petersilie, gehackt
1 EL geröstete weiße Sesamsaat

DRESSING

60 ml Weißweinessig
60 ml natives Olivenöl extra
1 EL Ahornsirup
2 TL Sesamöl

Für 4 Personen

ZUBEREITUNG

Quinoa mit 250 ml kaltem Wasser in einen Topf geben und auf mittlerer Stufe zum Kochen bringen. Die Hitze reduzieren und Quinoa 12–14 Minuten köcheln lassen, bis das gesamte Wasser aufgesogen wurde. Zum Abkühlen beiseitestellen.

Den Maiskolben mit 1 Esslöffel Öl einpinseln und 8–10 Minuten unter gelegentlichem Wenden in einer beschichteten Pfanne auf mittlerer Stufe garen. Aus der Pfanne nehmen und 5 Minuten abkühlen lassen. Die Kerne mit einem Messer vom Kolben abschneiden.

Die Pfanne weiterhin auf mittlerer Stufe halten. Blumenkohl, Bohnen, Koriander und verbliebenes Olivenöl in einer großen Schüssel verrühren. Mit Meersalz und Pfeffer würzen, in die Pfanne geben und unter Rühren 3–4 Minuten braten, bis das Gemüse weich ist und duftet.

Die Erbsen 2–3 Minuten in kochendem Salzwasser garen. Abgießen und unter fließend kaltem Wasser abschrecken.

Alle Dressingzutaten in einer großen Schüssel verrühren. Quinoa und Linsen damit vermengen. Dann auf Serviergläser verteilen. Erbsen, Maiskörner, Blumenkohl, Bohnen, Pistazienkerne, Rosinen, Sonnenblumenkerne und Petersilie darüberschichten. Mit Sesamsaat bestreuen.

Regenbogensalat

Mit dem Verzehr von rohem Gemüse nehmen Sie ein Maximum an Nährstoffen zu sich und genießen gleichzeitig noch knackige Frische. Für diesen Salat können Sie rohe Gemüsesorten verwenden, wie beispielsweise Zucchini, Fenchel, Rosenkohl, Blumenkohl, Bohnen oder Erbsen – solange sie schön bunt sind.

ZUTATEN

80 g Rotkohl, in feine Streifen geschnitten
2 Möhren, geschält und in feine Längsstreifen geschnitten
1 reife Avocado, in Streifen geschnitten
1 mittelgroße Rote Bete, geschält und in Stifte geschnitten
4 kleine Gelbe Bete, geschält und in Stifte geschnitten*
50 g Sonnenblumenkerne, geröstet
60 g Sprossen
45 g Granatapfelkerne

KICHERERBSEN-KREUZKÜMMEL-DRESSING

1 Dose (400 g Füllgewicht) Kichererbsen, abgespült und abgetropft
1 EL Tahini-Paste
60 ml Zitronensaft
2 EL stichfester Joghurt
2 TL gemahlener Kreuzkümmel
1 EL Honig
80 ml natives Olivenöl extra
½ TL Meersalz

Für 4 Personen

*Gelbe Bete ist auf dem Wochenmarkt oder im Bioladen erhältlich.

ZUBEREITUNG

Für das Kichererbsendressing alle Zutaten in eine Küchenmaschine geben und glatt pürieren. In Serviergläser verteilen. Rotkohl, Möhre, Avocado, Rote und Gelbe Bete, Sonnenblumenkerne, Sprossen und Granatapfelkerne darüberschichten.

Orientalischer Grünkern-Auberginen-Salat

Grünkern ist Dinkel, der im halbreifen Zustand geerntet wird. Er enthält einen höheren Anteil an Eiweiß, Ballaststoffen, Kalzium, Eisen und Zink als reifer Dinkel, deshalb ist Grünkern bei gesundheitsbewussten Menschen auf der ganzen Welt beliebt. Mit seiner weichen Textur passt er wunderbar zu dem gerösteten Kürbis.
Wenn Sie keinen Grünkern finden, können Sie auch Quinoa, gehackte Kichererbsen oder Blumenkohl-Couscous (Seite 17 und 19) verwenden. Foto auf Seite 77.

ZUTATEN

110 g Grünkernschrot
2 kleine Auberginen, in 1 cm breite Scheiben geschnitten
2 TL gemahlener Kreuzkümmel
80 ml natives Olivenöl extra
Meersalz
300 g Brokkoliröschen, grob zerkleinert
100 g Grünkohlblätter, gewaschen und fein gehackt
½ Bund Minze, Blätter abgezupft
100 g Feta, abgetropft und zerbröselt
35 g Pistazienkerne

DRESSING

60 ml natives Olivenöl extra
60 ml Zitronensaft
1 EL Granatapfelsirup
1 EL Ahornsirup
½ TL Meersalz

Für 4 Personen

ZUBEREITUNG

Den Grünkernschrot mit 500 ml kaltem Wasser in einen Topf geben und bei starker Hitze zum Kochen bringen. Die Hitze reduzieren und die Körner 12–14 Minuten köcheln lassen, bis sie weich sind. Abgießen, unter fließend kaltem Wasser abspülen und beiseitestellen.

Inzwischen den Backofen auf 200 °C vorheizen. Aubergine, Kreuzkümmel, 60 ml Olivenöl und 1 Prise Meersalz vermischen und auf ein mit Backpapier belegtes Backblech geben. Die Auberginen 35–40 Minuten rösten, bis sie weich und gar sind. Aus dem Ofen nehmen und zum Abkühlen beiseitestellen.

Den Brokkoli mit dem verbliebenen Olivenöl einpinseln. Eine beschichtete Pfanne auf hoher Stufe erhitzen und den Brokkoli darin 4 Minuten braten, bis er leicht gebräunt ist.

Alle Dressingzutaten bis auf den Zitronensaft in einer großen Schüssel verrühren, mit Zitronensaft abschmecken. Grünkern und Grünkohl damit vermengen und auf Serviergläser verteilen. Brokkoli, Aubergine, Minze und Feta darüberschichten und mit Pistazienkernen bestreuen.

Rezeptverzeichnis

ISBN 978-3-8094-3657-7

1. Auflage

Die deutsche Ausgabe wurde vermittelt durch die Print Company Verlagsgesellschaft m.b.H., Gumpendorfer Str. 41/6, A-1060 Wien

Umschlaggestaltung: Atelier Versen, Bad Aibling
Innengestaltung, Layout: Lorena Susak
Fotos: Sue Stubbs Photography
Herstellung: Elke Cramer
Projektleitung: Anja Halveland

Realisation der deutschen Ausgabe: trans texas services GmbH, Köln
Übersetzung: Antje Seidel, Köln

Druck: Těšínská tiskárna, Český Těšín

Printed in the Czech Republic

FSC
www.fsc.org
MIX
Papier aus verantwortungsvollen Quellen
FSC® C005833

Verlagsgruppe Random House FSC® N001967